ERHARD WIERS-KEISER

Ein kurzes Plädoyer für das, was wir GOTT nannten

Mensch – Universum – Evolution

Wissenschaftliche Erkenntnisse, zueinander in Beziehung gesetzt aus der Metaperspektive tiefer Meditation

R. G. Fischer Verlag

Bibliografische Information der Deutschen Nationalbibliothek:
Die Deutsche Nationalbibliothek verzeichnet diese Publikation in der Deutschen Nationalbibliografie; detaillierte bibliografische Daten sind im Internet über http://dnb.dnb.de abrufbar.

Orber Str. 30, D-60386 Frankfurt/Main

Schriftart: Palatino
Herstellung: rgf/bf/1B
ISBN 978-3-8301-9496-5

INHALT

DER ANFANG UND DAS HEUTE

Wie auch immer wir das Welt-Ganze sehen und beurteilen, ob materialistisch oder idealistisch, an diesem einfachen Sachverhalt kann kein Zweifel bestehen:

Auf der einen Seite gab es vor knapp 14 Milliarden Jahren das, was wir den Urknall nennen. Die große Mehrheit der Astrophysiker sagt uns das heute. Einige wenige Wissenschaftler eher marxistischer Prägung halten an dem alten Glauben fest, das Universum existiere schon immer. Da sie heute dazu neigen, immer mehr Erkenntnisse der modernen Astrophysik anzuerkennen, halte ich diesen Unterschied hinsichtlich meiner These für bedeutungslos.

Das eben Gesagte nenne ich die Seite des *Anfangs*. Aufgrund unseres heutigen Wissens über die Evolution des Universums ein Fakt, den es gegeben haben muss. Die alten griechischen Philosophen nannten ihn den „Urgrund allen Seins“.

Ihm steht eine zweite Tatsache gegenüber, die wir nicht in Frage stellen können, – *unsere heutige Welt*, uns eingeschlossen, *existiert*. Eingebettet in einen Zusammenhang, den wir Kosmos oder Universum, Schöpfung oder Natur nennen …

Das Entscheidende aber ist:

dass etwas, das schwer zu benennen ist, in einem *Prozess* ganz offensichtlich zu diesem Zusammenhang geführt hat, in dessen Mitte wir heute stehen – in genau diesem Augenblick.

Natürlich ist das den meisten von uns bewusst.

Worauf ich hinaus will und was ich für den entscheidenden *Schlüssel zum Verständnis des dem Universum zugrunde Liegenden* halte, ist etwas, was wir in unserem Alltag übersehen. So wie wir evolutionäre Höchstleistungen wie unsere Augen, unser Gehirn oder unseren genetischen Code für etwas absolut Normales und zu uns Gehörendes halten und wir keine Sensoren für die sich in ihnen ausdrückende Intelligenz haben, sind wir auch blind für etwas noch Tieferes – und uns und mit uns die Welt Erklärendes …

Diese heute existierende Welt beinhaltet *etwas ganz Außerordentliches*. Vorausgesetzt, wir sind in der Lage, unsere durch die Gewöhnung und durch Krisen, Kriege und Katastrophen verursachte Blindheit zu überwinden und es zu sehen – unsere Befähigung zu den wesentlichen und *höchsten Formen menschlicher Empfindung:* zu *Freude, Glück, Mitgefühl und Liebe in einem umfassenden Sinn*.

Dass es diese höchsten Werte, in denen wir *das Ziel unserer menschlichen Entfaltung* erkennen können, im Moment des Anfangs nicht gab, einem Zustand, den wir heute als – quantisch – hervorgegangen aus der Leere, dem Vakuum und dem Nichts oder dem Ende eines zuvor existierenden und in sich zusammengestürzten Universums zu begreifen lernen, lenkt unseren Blick auf das *PROZESS*-hafte dieses Vorgangs: den immer weiter führenden *VEKTOR* evolutionärer *Energie des Entfaltens*!

Das Argument der Atheisten „Wir wissen doch, dass die Pflege des Nachwuchses bestimmter Säugetierarten und vor allem der Primaten durch die Mütter zu den hier angeführten menschlichen Emotionen führte", ist ein Argument der Blindheit. Selbstverständlich ereignet sich Evolution über den Weg kleiner, aufeinander aufbauender Schritte. Und selbstverständlich können wir in der Bildung von zufälligen Mutationen und der Selektion die „Werkzeuge" der Evolution erkennen. *Aber der Bewusstseinszustand des Menschen „Freude – Glück – umfassende Liebe" fragt nicht – das Phänomen aus einer bemessenden, quantitativen Perspektive sezieren wollend – nach den hunderttausend evolutionären Einzelschritten, die zu ihm führten. Er ist – höchster qualitativer – Ausdruck von etwas Absolutem!*

Dies berührt die Frage nach dem *Sinn* dieser Welt, des Universums und des Menschseins. Atheisten und Materialisten wie der Physiker Steven Weinberg klagen laut darüber, wie grausam das Universum mit dem Menschen umgehe oder wie Gott den Holocaust zulassen konnte. Ich sehe hierin eine defizitäre Haltung, vergleichbar etwa der Farbenblindheit: weil die entsprechenden Sensoren verkümmert und kaum noch vorhanden sind, kann ein bestimmter Teil des Gesamtspektrums nicht wahrgenommen werden. Weinberg hat den Lernprozess Menschheitsentwicklung schlicht nicht begriffen.

Nur über den *Prozess des Lernens*, der *immer evolutionär* ist, kann der Mensch *sich entfalten*. Was zum Holocaust führte, war die Unfähigkeit einer Epoche und einer Nation, zu lernen und Empathie zu entwickeln.

Für die zentrale qualitative Seite des Universums und der Evolution halte ich, dass dem *Leben,* wenn es entstehen kann, die *Tendenz* innewohnt, *sich in Richtung auf Entfaltung, und deshalb im Menschen auf Werte wie Mitgefühl und Solidarität, auf Bewusstsein und auf Bewusstwerdung hin zu entwickeln.* Diese Befähigung, entstanden im Verlauf der auf Entfaltung ausgerichteten Evolution, ist „Teil" dieses Universums und genauso existent wie die sich in Quasaren, Pulsaren, Dunkler Materie oder

Dunkler Energie realisierenden physikalischen Energien (den Basisbedingungen für die Entstehung des Lebens und des Bewusstseins).

Diese Befähigung ist *nicht unsere Erfindung!*

In diesen schlichten Feststellungen liegt der eigentliche *Schlüssel zum Verständnis des unserer Welt und unserem Universum zugrunde Liegenden.* Hier taucht etwas auf, was unmittelbar Aussagen über dieses zugrunde Liegende zulässt oder richtiger: einfordert!

In weit entwickelten Zivilisationen wird diese Tendenz der Evolution zur Entfaltung über den Faktor Zeit schon zwangsläufig zu befriedeten und in Übereinstimmung mit dem Kosmos lebenden Gesellschaften führen. In frühen Stadien der Entwicklung von Bewusstsein – zu ihnen rechne ich die relativ kurze Periode der seit der Sesshaftwerdung vergangenen etwa 10.000 Jahre – in dialektisch verlaufenden Teilprozessen von Bewegung und Gegenbewegung. Da es sich dabei um heute erkennbare Stufen evolutionärer Entwicklungen handelt (der Philosoph Karl Popper: „Alles Leben ist Problemlösen"), können wir folgern, dass diese Regeln auch für das Leben auf anderen Planeten im Universum gelten werden. Aus dieser Perspektive gehört der Reiz, den Projekte einer Besiedlung des Weltraums ausüben, wohl eher zu unserer noch „frühen" und noch defizitären Bewusstseins-Entwicklung als zu jener einer *reifen* und in Übereinstimmung mit dem Kosmos, das heißt *im Sein lebenden planetaren Zivilisation.* Möglicherweise liegt hierin eine Erklärung, dass unsere immer aufwändigeren Versuche, Signale von anderen Zivilisationen des Weltraums zu erhalten, bisher erfolglos blieben.

In der zwischen dem Zeitpunkt Null und dem Heute entstandenen und über die materiellen Gegebenheiten weit hinausweisenden empathischen Verbindungsaufnahme mit dem Mitmenschen, dem Mitgeschöpf, der Natur und den Sternen über uns sehe ich die Bestätigung all jener Versuche des Menschen, das Erspürte zu benennen: ob wir es „Schöpfung", „Universum", „Natur" oder „Gott" oder „Allah" nannten und nennen oder „das Eine", „das ungeteilte Ganze" in der Philosophie.

Welchen Wert wir unserer zentralen Befähigung beimessen, ob wir in ihr das Wunderbare erkennen, oder ob wir dazu neigen, sie als etwas Nebensächliches abzutun und zu übersehen, halte ich für eine der Schlüsselfragen unserer Existenz. Unsere Fähigkeit, im Kleinen das Große zu erspüren, entscheidet wesentlich mit darüber, ob wir unser Leben als *zutiefst sinnvoll* empfinden. Wovon dann abhängt, ob wir eher der

Verzweiflung und dem Stumpfsinn Raum in unserem Leben geben oder der Freude …

Einige positive Seiten der etwa zwei bis drei Jahrtausende alten Gottesvorstellung können wir – mit etwas Toleranz – durch die Erkenntnisse der Moderne bestätigt sehen. So vor allem die enorme gestalterische und auf Entfaltung drängende Energie des evolutionären Prozesses, den wir, wie uns die Quantenphysik sagt, als einen Informationsprozess zu verstehen haben. Aber auch das Wirken dieses schöpferischen „bewusstseinsähnlichen Hintergrund des Universums"[1] in jedem einzelnen Augenblick des Universums, – wie auch unseres Lebens!

DER MENSCH

Frage ich, was die Welt ist oder das Universum in seiner Gesamtheit, dann stoße ich sofort auch auf den Menschen. Auf „intelligentes Leben", da die Frage das Universum meint. Selbstverständlich sind wir ein Teil des Welt-Ganzen, vor allem, wenn die Entwicklungsabfolge *purer Energie* nach dem Urknall – *Entstehung von Atomen und Materie – Galaxien- und Planetenentwicklung – Leben – Bewusstsein* gesehen wird.

Und wenn auch noch der quantisch begründete Akt des Urknalls einbezogen wird (der US-amerikanische Quantenchemiker Lothar Schäfer: „Der Hintergrund des Universums ist bewusstseinsähnlich" [1]) dann schließt sich hier ein Kreis. Zum Urknall siehe auch die Aussage des Astrophysikers Harald Lesch auf Seite 39.

Die Unvollkommenheit des menschlichen Bewusstseins widerlegt nicht den hier zugrunde liegenden Gedanken. Denn es geht hier nicht um die „Momentaufnahme" des Seins der Welt im gegenwärtigen Augenblick, sondern um den sich immer weiter bewegenden „Film", den evolutionären *Prozess,* in dem dann sofort das noch Unfertige und Defizitäre der gegenwärtigen Situation des Menschen auffällt. Beziehe ich dieses Prozesshafte mit ein, das auf eine Verwirklichung des Menschen auf der Grundlage seiner Fähigkeit zu lernen und Probleme zu lösen zielt, ist das eben skizzierte Bild der Kreisschließung und die Konsequenz des sich weiter entwickelnden menschlichen wie gesellschaftlichen, wie auch sogar des spirituellen Bewusstseins nahcliegend und stimmig.

Die drei sogenannten Kränkungen und Verunsicherungen der Menschheit, verstanden als Widerlegung der althergebrachten Gottesvorstellung: Erde und Mensch sind nicht Mittelpunkt der Welt, Darwins Evolutionslehre der Abstammung der Arten und Freuds Lehre vom triebgesteuerten Menschen, waren – Folge der Aufklärung – die kirchliche Dogmatik überwindende Antworten auf alte Fragen. Aber die wichtige und großartige wissenschaftliche Leistungen ermöglichende Aufklärung des Menschen kippte um in blinden Materialismus und einen sich im vergangenen Jahrhundert der Verzweiflung überlassenden Existenzialismus. Eine Blindheit gegenüber dem großen Zusammenhang zwischen dem Menschen und dem Universum. Blind auch bis heute im sich dem Materialismus ausliefernden Konsumismus.

Erst wenn Bewusstsein als wesentliches Element der Entwicklung und Entfaltung des Universums und der Evolution gesehen wird und das Prozesshafte der Menschheitsentwicklung erkannt wird, verändert sich die Perspektive. Von einer gestressten Sicht auf Krisen und Katastrophen zu einer nach Problemlösungen suchenden Perspektive des Seins!

Der große Existenzialist Jean-Paul Sartre meinte durchaus etwas Ähnliches. Wenngleich bei ihm das hier das Prozesshafte und das Lernen Genannte eher die verwirklichende „große Tat" einforderte. Ob mit oder ohne diese „Aktion", unser gesellschaftliches und unser von ihm abhängiges individuelles Sein verändert sich prozesshaft – von Moment zu Moment –, „hier und jetzt" unserer Gegenwart, die sich auf der großen Schiene der evolutionären Zeit voran bewegt. Getrieben von der dem Universum innewohnenden Potenzialität des Möglichen, des Lernens, auch den Folgen des Nicht-Lernens, und der aktiven oder passiv-intuitiven Suche nach Problemlösungen.

Meine bereits erwähnte These ist, dass es bei der Entfaltung unseres Universums um die *Entwicklung von Bewusstsein* geht.

Der Quantenphysiker Hans-Peter Dürr betont, dass aus Materie Leben (und damit auch Bewusstheit) ohne den quantischen Informations-Hintergrund nicht entstehen kann.[14] Quantische Information und Potenzialität und zuvor entstandene Strukturen des Lebens bildeten die Voraussetzung für die Entstehung unseres Bewusstseins.

Eine die Augen öffnende beeindruckende Darstellung des Menschen und seiner Bedürfnisse ist Abraham Maslows „Psychologie des Seins".[4] Im Abschnitt „Wissenschaft und Transzendenz" versuche ich das Wesentliche in Kurzform darzustellen.

Maslow führt das uns oft so unverständlich erscheinende Handeln des Menschen auf in der Kindheit nur unvollständig befriedigte und darum gestörte Grundbedürfnisse zurück. Die größten Defizite sehe ich in unserer Gesellschaft in diesen zwei wohl wichtigsten Grundbedürfnissen des heutigen Menschen, die sich häufig in der Kindheit nur schwach und defizitär ausformen können, von denen aber die gesamte spätere Entwicklung des betreffenden Menschen beeinflusst wird oder sogar abhängt:

a – das *Grundbedürfnis nach menschlicher Nähe und Zugehörigkeit* sowie

b – das von seiner Entwicklung abhängige und auf ihr aufbauende *Grundbedürfnis nach Selbstwert.*

Auf diese beiden wichtigen Grundbedürfnisse – nach *zwischenmenschlicher Nähe* und nach *Selbstwert* –, die sich bei vielen Menschen in einem reifen Sinn nicht wirklich ausformen können und nur defizitär entwickelt sind, lassen sich viele gesellschaftliche Konflikte zurückführen. Bis hin zur Persönlichkeitsstruktur und Psyche von Sympathisanten nationalistischer Organisationen.

Ein aktuelles Beispiel ist auch das allen Vernunftgründen widersprechende Bedürfnis, sich über bestimmte Äußerlichkeiten, wie übergroße Autos oder Luxusartikel, „größer zu machen“. Oft ein zwar erklärliches – von der Gesellschaft aber kaum gesehenes – eitles „Auf-sich-aufmerksam-Machen“ und „Sich-größer-Machen“ von schwachen, nämlich Selbstwert-schwachen Menschen mit leider fatalen Auswirkungen auf unsere Umwelt, die niemals gefährdeter war als heute, wie auch auf unser menschliches Miteinander …

Und was ist mit all dem Leid in der Welt?

Neben dem vom Menschen verursachten Leid, das in Abhängigkeit vom Lernprozess Menschheitsentwicklung abnehmen wird, gibt es ja auch das durch Naturkatastrophen, durch schwere oder unheilbare Erkrankungen und durch Behinderungen entstehende Leid.

Sämtliche physikalischen und biochemischen Ereignisse, also auch die in unserem Körper, lassen sich auf die vier Naturkräfte zurückführen: den Elektromagnetismus, die Gravitation sowie die starke und die schwache Wechselwirkung oder Kern-Kraft. *Nur über diese vier Naturkräfte kann sich die Materie konkretisieren und kann sich der quantische, von Schäfer „bewusstseinsähnlich" genannte „Hintergrund" raumzeitlich verwirklichen!*

Die Antwort lautet also:

Es geht nicht anders, – irgendwann muss sich der Tsunami im Spannungsabbau der Kontinentalplatten, oder das Erdbeben, der Vulkanausbruch, ereignen! Und auch Krankheiten und Behinderungen sind immer naturgesetzliche Auswirkungen oft kleinster biochemischer Ursachen oder Abweichungen, mit einer sich in der Dynamik des Lebendigen verstärkenden Tendenz.

Natürlich sind sie häufig aber auch Folge unseres Verhaltens.

So erscheint uns aus unserer menschlichen Perspektive, – wenn sie nicht durch defizitäre Entwicklung eingeschränkt ist –, das im Zuge der Konkretisierung der Welt „unvermeidliche" Leid immer eingebettet in eine ganz besondere unsichtbare Verbundenheit! Der Quantenphysiker Dürr deutet an, warum das so ist: einen leidenden Menschen, ein leidendes Tier zu sehen, tut uns weh, – weil unser Innerstes in seiner Tiefe *identisch* ist *mit „dem Innersten" des ganzen Kosmos …*

Unübersehbar ist aber ja auch, dass die Energien der Heilung eine mitunter erstaunliche Wirkung entfalten können …

WAS WIR GOTT NANNTEN

„Was wir GOTT nannten" meint die mehr oder weniger verschwommene Vorstellung von Gott, die die meisten Menschen, beeinflusst von der sie unmittelbar umgebenden Kultur, in sich tragen: die Vorstellung eines Schöpfergottes …

Eine Mehrheit empfindet so. Während etwa ein Drittel der Menschen in Deutschland in einer groß angelegten Befragung 2008 angaben, nicht an Gott zu glauben. In ungefähr diese Richtung gehen die Versuche dies statistisch zu erfassen, auf die ich hier nicht weiter eingehen will.[19]

Es fällt auf, dass Gott heute für die meisten Menschen kein Thema ist. Über Gott wird heute geschwiegen. Meine Erklärung ist: wir spüren, dass es sich um etwas handelt, das sich verbirgt, etwas Latentes, konkret ja nicht Fassbares …

Der Einfluss der Religion tritt heute mehr und mehr zurück. Dafür formiert sich etwas anderes und tiefer und auf einer eher unbewussten Ebene Liegendes neu: eine Art Gewissheit einer Beziehung und Verwobenheit zwischen dem Menschen und dem Welt-Ganzen.

Eine Beziehung, die sich im hinter uns liegenden Jahrhundert gegenüber den uralten Traditionen und einer nicht mehr akzeptierten Dogmatik der Religionen notwendig wandeln musste. Vor allem durch die großen wissenschaftlichen Entdeckungen: Planck, Einstein, Hubble und die großen Quantenphysiker veränderten unsere Vorstellung vom Universum und von uns selbst.

So wird heute die schwer fassbare Vorstellung auch mit anderen Begriffen umschrieben: „das Universum", „der Kosmos" oder „der Hintergrund" tauchen als Synonyme auf. Vor allem in der interpretierenden Quantenphysik, in der alles Beziehung ist, wird immer wieder auf das Universum als den alles, damit auch das Bewusstsein beinhaltenden Insgesamt-Zusammenhang des Weltganzen verwiesen ...

All das blieb nicht ohne Einfluss auf die, die noch der Religion die Treue halten. Eine Haltung entstand, die den Religionsapparat mehr und mehr in Frage stellt und dazu neigt, die Religionsgründer (und ihre Botschaft) zu vermenschlichen. Als reife und weise Menschen, die ihrer Zeit weit voraus waren und die sich in etwas Wesentlichem von ihren Mitmenschen unterschieden, – sie hatten etwas erlebt, was „Gotteserfahrung" genannt wurde. Über Bilder und Symbole ihrer jeweiligen Kultur hatten sie versucht, ihre außergewöhnlichen Erfahrungen den Menschen ihrer Epoche zu erklären und verständlich zu machen. Dass wir heute diese Erfahrungen der Religionsgründer als im Wesentlichen gleiche und nahezu identische Erlebnisse zu begreifen lernen, verdanken wir der wissenschaftlichen Erkenntnis im vergangenen Jahrhundert. Weil wir heute wissen, dass in besonders tiefen Transzendenz-Erfahrungen (den „Erleuchtungs"-Erfahrungen) im Bewusstsein nichts anderes als *raumzeitlose quantische Einheit und Verbundenheit* mehr existiert, – wahrgenommen als tiefe, alles umfassende Einheit, Energie und Liebe (jenseits von allem bildhaft noch Materiellen), können wir in den Berichten über Buddha (ca. 450 v. Chr.), Jesus und Mohammed heute die Analogie zu aktuellen Berichten der Moderne erkennen, wie sie von Ott/Dietrich über tiefe Transzendenz-Erfahrungen angeführt werden [8] (siehe Seite 43). Der Quantenphysiker Hans-Peter Dürr nennt sie die Erfahrung der „Urquelle – der Liebe"! [2]

Versucht man, dieses schwer zu beschreibende Erleben tiefer quantischer Verbundenheit etwas konkreter zu benennen, so würde eine „Übersetzung" in unsere Umgangssprache in etwa lauten: *ein überwältigendes Gefühl von alles umfassender Liebe, in dem sich dem erlebenden Menschen der Sinn des Weltganzen erschließt,* – Buddha nannte dies „Die Befreiung vom Leiden" und laut tibetischem Buddhismus „Mitgefühl", Jesus versuchte es den Menschen seiner Zeit mit dem für alles sorgenden und liebenden „Vater im Himmel" (Konsequenz: der „Sohn") und Mohammed mit der „Hingabe" zu erklären: *symbolhafte Benennung des Gleichen!*

Während sich also die Religionsgründer in der Beurteilung des von ihnen Erlebten sehr einig gewesen wären, entstanden die Probleme mit den Auslegungen und Interpretationen der Schriftgelehrten, der Dogmatiker und Fanatiker der Religionsapparate.[3]

Früher oder später wird diese Erkenntnis zum Ende aller Religionskonflikte führen!

So führten im 20. Jahrhundert die verschiedenen Einflüsse der Moderne zu einer sich ändernden Gottes-Vorstellung, die sich von den jahrhundertelang geltenden Regeln und Traditionen der Eltern- und Großeltern-Generationen löste und sie überwand. Zugunsten der erwähnten Vorstellung eines zwar alles umfassenden, dafür aber diffuser gewordenen, wie auch immer gearteten Schöpfergottes.

Weil diese Vorstellung eben *nicht konkret sein kann,* lauern in ihr auch Gefahren, wie die der Auflösung ins

Unverbindliche und in eine Nichtexistenz im Atheismus.

Dies in etwa umschreibt die Situation im ersten Viertel des 21. Jahrhunderts.

In einem weit gefassten Sinn können die erwähnten modernen wissenschaftlichen Erkenntnisse als Antwort auf einige der alten Fragen der Menschheit und der alten griechischen Philosophie verstanden werden. „Der Urgrund allen Seins" und „Das ungeteilte Ganze", die Philosophie bis heute prägende Begriffe, tauchen in der sogenannten „Interpretation der Quantenphysik" wieder auf, in der es darum geht, die Konsequenzen der Quantenphysik für unsere Welt und für uns Menschen zu beschreiben. Quantenphysik und Astrophysik überschneiden sich, – nicht nur im Phänomen des Urknalls. Und Darwins Begriff der Evolution, der sich zuerst nur auf die Entwicklung des Lebens bezog, wird heute auch auf die gesamte Entwicklung ab dem Urknall angewendet. Psychologie und Gehirnforschung erweitern sich und umfassen heute auch die Meditationsforschung.

Es kann heute nicht bezweifelt werden, dass das dem Evolutionsprozess zugrunde liegende Informationsgeschehen die Entwicklung unserer Eigenschaften und Fähigkeiten so gewichtet hat, dass sich evolutionäre Höchstleistungen entwickeln konnten wie unsere Gene, unsere Augen, unser Gehirn und unsere Befähigung zur Empathie. Und auf der Grundlage der Empathie unsere Fähigkeit Freude, Glück oder alles umfassende Liebe zu empfinden. Der Nestor der Evolutionsbiologie Ernst Mayr nennt den „Erwerb aller Anpassungen von *Notwendigkeiten* bestimmt" („Das ist Evolution", Goldmann-Verlag, 2001). *Was definiert, ob etwas „notwendig" ist?* Hier handelt es sich um den Blick aus einer anderen Perspektive auf das, was Schäfer den „bewusstseinsähnlichen Hintergrund des Universums" nennt!

Zwar ist der Zufall immer, innerhalb eines quantischen Entscheidungskorridors, ein am Zustandekommen dieser Befähigungen beteiligtes „Werkzeug". Für den entscheidenden Beleg für die „Intention" der Evolution und den *Schlüssel* zu ihr halte ich das erreichte Ergebnis: *die nicht zu leugnende Liebesfähigkeit des Menschen* (in dem erwähnten tiefen und alles umfassenden Sinn), die immer dann zum Tragen kommt, wenn der Mensch sich wirklich frei entwickeln und entfalten kann. In diesem Sinne leben viele enormen gesellschaftlichen Zwängen ausgesetzte Menschen heute unfrei und defizitär.[4]

Für mich einer der auffallendsten – symbolhaften – Belege für die Erkenntnisse der Moderne ist die bereits kurz erwähnte Aussage des großen Quantenphysikers und Werner Heisenberg-Schülers Hans-Peter Dürr, der, die absolute Verbundenheit von allem Quantischen verdeutlichend, sagt: „Liebe ist die Urquelle. Sie wird nicht aus anderem geboren, – sie ist es, die alles durchdringt, umfasst und zusammenhält."[2]

Diese Urquelle quantischer Verbundenheit, für die der Begriff „Liebe" nach unseren menschlichen Kriterien das gültigste und zutreffendste Synonym ist und die sich in unseren tiefen Transzendenz-Erfahrungen so wunderbar bestätigt, ist der Kern allen religiösen Empfindens!

Die Menschen der Zukunft werden unterscheiden lernen zwischen:
1 – *der in der Transzendenz erfahrbaren universellen Einheit und Energie,*
ein Bewusstseins-Zustand außerhalb von Raum und Zeit, eine genetisch gegebene und heute wie in Tausenden von Jahren *immer gleiche Befähigung*, unabhängig von der jeweiligen Kultur und Religion. Lediglich in den Vorstufen dieser Erfahrung können individuelle und kulturelle Einflüsse noch eine Rolle spielen, etwa

indem etwas „gesehen" wird. In der tiefen Transzendenz haben sich diese Einflüsse transformiert – in einen Bewusstseinszustand, in dem nichts anderes mehr existiert als *raumzeitlose Einheit und Verbundenheit …*, und

2 – den sich vielfältig um diese Anlage und Fähigkeit des Menschen rankenden und viele unterschiedliche und subjektive Interpretationen anbietenden *zeit- und kulturabhängigen Auslegungen (des in der Transzendenz Erfahrenen) durch die Religionen* und ihre vielen Ableger und Abspaltungen. Über längere Zeitepochen hinweg können sich diese Interpretationen der Religionen verändern oder auch wieder aufgegeben werden.

Mir geht es hier darum, das von den Religionen *Unabhängige dieser Energie,* mit der unser Bewusstsein unter bestimmten günstigen und sich aufbauenden Umständen synchron schwingt, zu verdeutlichen.

Nur aus diesem Erkennen kann die Überwindung der Konflikte zwischen den Religionen erwachsen.

WISSENSCHAFT UND TRANSZENDENZ

Die im 20. Jahrhundert gewonnenen neuen Erkenntnisse verunsicherten auch. Besonders auffallend ist die in den Zwanziger- und Dreißigerjahren geführte und mit viel emotionalem Einsatz ausgetragene Debatte unter den Quantenphysikern, worin denn nun die Konsequenzen der Quantentheorie für die Naturwissenschaften und die Bedeutung des so merkwürdigen quantischen Geschehens für den Menschen und sein Bewusstsein liege, – die sogenannte Kopenhagener Interpretation. Und selbst Einstein fiel es lange schwer, sich mit der Infragestellung der klassischen Physik abzufinden. Heute neigt der Mainstream der jungen Quantenphysiker dazu, den bequemeren Weg zu gehen nach der Maxime: „Führ deine Berechnungen aus und belaste dich nicht mit der Interpretation."

Es waren die Großen unter den Quantenphysikern des 20. Jahrhunderts, die sich intensiv mit der Frage der „Interpretation" der Quantentheorie beschäftigten.

Aber erst in der zweiten Hälfte des Jahrhunderts bildete sich ein Bereich heraus, in dem es zunehmend auch interdisziplinär um die bereits in den Zwanziger- und Dreißigerjahren von den Quantenphysikern erkannte große Bedeutung des menschlichen Bewusstseins ging. Die Humanistische Psychologie (Abraham Maslow[3, 4], Erich Fromm[5], Carl Rogers) begann sich, auch unter dem Einfluss des bedeutenden amerikanischen Psychologen und Philosophen William James[6], mit das Normalbewusstsein des Menschen überschreitenden Bewusstseinszuständen zu befassen. Auch das im 20. Jahrhundert zunehmende Interesse an buddhistischen, zen-buddhistischen und hinduistischen Traditionen trug mit dazu bei, dass Teilbereiche der Wissenschaft sich für „Gipfel-" und „Grenz-Erfahrungen" und für „Transzendenz-Erfahrungen" zu interessieren begannen.

In der Erkenntnis- und Wissenschaftstheorie wird der Bereich, in dem Fragen nach dem Sein, also ontologische Fragen, empirisch beantwortet werden, *„wissenschaftlicher Realismus"* genannt.

Transzendieren heißt: über etwas hinausgehen. Eine Transzendenz-Erfahrung ist eine Überschreitung der Grenzen unseres Alltagsbewusstseins.

Die Humanistische Psychologie betont, dass diese Erfahrungen wissenschaftlich untersucht werden können. Der große Interpret der Quantenphysik Hans-Peter Dürr nannte sie die „Begegnung mit dem Wunderbaren“ und fasste die Berichte von zwölf seiner bedeutendsten Physikerkollegen des 20. Jahrhunderts (u. a. von Max Planck, Albert Einstein, Werner Heisenberg, Erwin Schrödinger, Carl-Friedrich von Weizsäcker) zu diesem Thema in einer von ihm herausgegebenen Sammlung „Physik und Transzendenz“ zusammen.[7]

Es verwundert nicht, dass dem von Dürr „Begegnung mit dem Wunderbaren“ Genannten, da wo diese Begegnungen in wissenschaftlichen Berichten erwähnt werden, eine größere Bedeutung zugemessen wird. Abraham Maslow (Humanistische Psychologie) erklärt, warum dieses im Menschen Angelegte und ihn geradezu Definierende und erst zum *ganzen und vollen Menschen* Machende bis heute nur relativ selten erlebt wird.[4]

Der Grund liegt nach Maslow in den vier enorm starken und aufeinander aufbauenden Grundbedürfnissen. Eigentlich müsste in der Kindheit das Durchleben einer Grundbedürfnis-Phase jeweils zum nächst höheren Grundbedürfnis führen. In dieser Reihenfolge: *körperliche Grundbedürfnisse* (etwa nach Nahrung), dann *Sicherheits-Bedürfnisse,* dann *Bedürfnisse nach menschlicher Nähe* und schließlich nach *Selbstwert.*

Während Nahrung und Sicherheit in unserer Gesellschaft leichter zu gewährleisten und zu befriedigen sind, sieht das bei menschlicher Nähe und vor allem beim Selbstwert ganz anders aus. Hier existieren in unserer Gesellschaft bis heute gewaltige, die Menschen *bindende Defizite*. Meist werden sie verursacht durch den Umgang der Eltern, die ihre eigenen psychischen Prägungen weitergeben, mit dem von ihnen völlig abhängigen Kind.

Das heißt: eine Vielzahl von Menschen in unserer Gesellschaft lebt eigentlich in einem Käfig nicht befriedigter Grundbedürfnisse, der sie bindet und einschränkt. Der sich (sind die Grundbedürfnisse dagegen weitgehend abgedeckt) für den erwachsen werdenden Menschen öffnende Bereich des Bedürfnisses nach Verwirklichung seiner Talente und Fähigkeiten kann sich deshalb nur sehr eingeschränkt entfalten. Und die sich wiederum darüber befindliche Ebene des Bedürfnisses nach der transzendierenden Überschreitung der Egogrenzen gar nicht oder selten.

Maslow sagt über die Bedeutung unserer Bedürfnisse sehr schön und eindringlich: *„So wie der Tiger kein Käfigtiger sein will, will auch der Mensch seinem eigentlichen Wesen nach kein defizitärer, sondern voller und ganzer Mensch sein!"* [4]

Ein dritter Bereich der Wissenschaft, in dem in den letzten Jahrzehnten zunehmend Forschungsarbeit zu erweiterten Bewusstseinszuständen geleistet wird, ist die Gehirnforschung. Das immer bessere Verständnis der Vorgänge in unserem Gehirn führte über Versuche, die Erfahrungen von Transzendenz besser zu verstehen, zur Meditationsforschung (Ulrich Ott[8, 9], Richard J. Davidson[10], Tania Singer), einem interdisziplinären Bereich zwischen Gehirnforschung und Psychologie.

Auch die Atomphysik ließe sich anführen, die uns sagt, dass jedes Atom unseres Körpers und des Universums eigentlich leerer Raum ist, in dem nur ein paar winzige Punkte existieren: der Atomkern und die Elektronen. Mit anderen Atomen zu Molekülen verbunden und zusammengehalten nur durch elektromagnetische und damit letztlich quantisch bewirkte Bindungskräfte. Ihrer Materialisierung liegt ein Schwingungsgeschehen zugrunde. Materie ist Real- und Faktischwerdung purer Schwingung quantischer Potenzialität.

James Jeans, englischer Astrophysiker, der sich bereits in den Zwanzigerjahren des vergangenen Jahrhunderts intensiv mit der Interpretation der Quantenphysik befasst hatte:

„Das Weltall sieht allmählich mehr wie ein großer Gedanke als wie eine große Maschine aus.

Der Geist erscheint im Reich der Materie nicht mehr als ein zufälliger Eindringling, – wir beginnen zu ahnen, dass wir ihn eher als den Schöpfer und Beherrscher des Reiches der Materie begrüßen sollten ...“[7]

DAS QUANTISCHE:

ALLES IST POTENZIALIÄT UND ENTFALTUNG

Allem Energetischen und Materiellen liegt das Quantische zugrunde.

Potenzialität meint und steht für: *Alles, was möglich ist*. Ein Feld von „Erwartungen“ (ein Begriff Dürr´s). Klein bei einem Stein und dem, was wir tote Materie nennen. Groß bei allem Lebendigen.

Im Wesentlichen geht es dabei um Auswirkungen in der Struktur der Moleküle, aus denen auch wir bestehen: um Wechselwirkungen zwischen ihren „Elementarteilchen“, zu denen die Elektronen und der Atomkern gehören.

Sämtliches Geschehen in unserem Körper und Gehirn, – ob wir einen Muskel bewegen, Hunger haben oder uns freuen oder nachdenken, wird verursacht und gesteuert durch elektromagnetische und damit letztlich quantisch verursachte Wechselwirkungen zwischen den Atomen bestimmter Bereiche und Nervenbahnen unseres Körpers und Gehirns.

Dürr weist darauf hin, dass die von uns wahrgenommene Wirklichkeit nicht das ist, wofür wir sie halten.[14]

Kurz gesagt, geht es bei allem Quantischen also immer um die *Vielzahl sämtlicher Möglichkeiten*. Von denen dann *eine real wird*.

Man könnte befürchten, dass es sich dabei um einen lediglich abstrakt-quantitativen und sinnleeren Sachverhalt handle. Aber das Gegenteil ist der Fall! Weil eine Art Verstärkereffekt bestimmte universale und auf die Entwicklung von Leben ausgerichtete Informationen und Potenzialität in einem permanenten Prozess gewichtet und realisiert: „... der Erwerb aller Anpassungen ist von *Notwendigkeiten* bestimmt" (der bereits erwähnte Evolutionsbiologe Ernst Mayr). Ein einziger Prozess evolutionärer und zu unserer heutigen Welt führender Entfaltung: weil es für Lebewesen Vorteile hat, zu sehen und Informationen zu verarbeiten, wurden Augen und Gehirn evolutionär entwickelt! Nach Dürr ist die Materie alleine, ohne die auf der Informationsebene der Elementarteilchen wirkende Potenzialität, hierzu nicht in der Lage.

Neben dieser Langzeitwirkung ist die Insgesamt-Quanteninformation der Potenzialität auf der Elementarteilchen-Ebene aber natürlich auch die Grundlage jedes einzelnen Momentes unseres Lebens!

Hans-Peter Dürr: „*In der Physik umschreiben wir es so: Das Augenblickliche baut ein wellenartiges Erwartungsfeld auf, was in Zukunft passieren soll. Das bin nicht nur ich, der zur Erwartung beiträgt, sondern alles, was in der Welt sich manifestiert, das Lebendige und auch das Unbelebte, die tote Materie. Was dann passiert, sich real manifestiert ... wird durch die Überlagerung aller dieser Erwartungsfelder präjudiziert* (und vorentschieden). *Dort, wo die Erwartung, die Intensität des Gesamterwartungsfeldes groß ist – in Regionen maximaler konstruktiver Interferenz* (Überlagerung), *ist dann die Wahrscheinlichkeit am größten, dass der nächste reale Schritt passiert. Die tote Materie spielt für den Neuschöpfungsprozess wegen ihrer effektiven Determiniertheit praktisch keine Rolle. Sie folgt den alten kausalen Gesetzen. Das Lebendige bewirkt das Neue.*“[2]

Alle Bereiche der Wissenschaft sagen uns etwas über das Wesen des der Welt zugrunde Liegenden. Aber kein anderer Bereich vermag diese „Wesenhaftigkeit“ so zu vermitteln wie die Quantenphysik. Quantenphysik ist Welterklärung.

Dabei wird die Quantentheorie von den Physikern immer wieder „die genaueste Beschreibung der Welt" genannt. [11, 13]

Immer ist alles Faktische und Reale eingebettet in eine ganze „Wolke" von Potenzialität. In leicht abgewandelter Form taucht dieser Begriff immer wieder auf. Betont wird, dass die Gesetze der Quantenphysik „für alles im Universum" gelten. [1, 17]

Grundlage der erstaunlichen Experimente und Berechnungen der Quantenphysik, die sich immer auf einen zu definierenden „Zustand" beziehen, ist „diejenige Information, die über ein zu befragendes physikalisches System vorliegt."[13] (Görnitz). Über Erwin Schrödingers Wellenfunktion lässt sich dann (mit einer für den Laien unfassbaren Exaktheit) die Wahrscheinlichkeit berechnen, mit der die unterschiedlichen Parameter, *zuvor nur als quantische Potenzialität existent, faktisch und Realität werden können.*

Das macht auf den ersten Blick nicht den Eindruck, Welterklärung zu sein. Erst wenn wir verinnerlichen, was die großen Quantenphysiker immer wieder betonen, dass die Potenzialität *die Grundlage von sämtlichem Geschehen im Universum* ist, wird uns die Konsequenz klarer: jedes Ereignis im Universum steht mit allem anderen in Beziehung und ist quantisch mit ihm verbunden! Görnitz bezieht auch das Gesellschaftliche in die Potenzialität mit ein: *„Der von der Natur oder auch von gesellschaftlichen Umständen gegebene spezielle Kontext legt den Rahmen für die Möglichkeiten fest."* [17]

Die Wellenfunktion und ihre präzise Vorhersage der Wahrscheinlichkeit des Verhaltens der Elektronen ist letztlich ein Ausdruck der „Erwartung", was in der Welt als nächstes „passiert" und „wirken" wird. Vor allem Dürr betont das und verwendet diese Begriffe.[14]

Zu den erstaunlichsten Experimenten der Quantenphysik zählen die Versuche, in denen ein Elementarteilchen (z. B. ein Elektron) in Abhängigkeit davon, ob es beobachtet wird oder nicht, zu einer Welle wird oder ein Teilchen bleibt. Und auch Experimente, in denen an verschiedenen und weit auseinander liegenden Orten bestimmte miteinander in Verbindung stehende Elektronen sich bei einer Versuchsänderung an einem der beiden Orte simultan verhalten, also gleichzeitig reagieren. Obwohl das gegen das Gesetz der klassischen Physik verstößt, dass sich nichts schneller als mit Lichtgeschwindigkeit bewegen kann.[1]

Innerhalb dieses Potenzialitäts-Geschehens von immer wieder wechselnden Übergängen zwischen quantischen Grundzuständen von potenziell Möglichem und sich hieraus ergebender Faktischwerdung und Realisierung fand der Urknall statt, gab es die ersten Galaxien, den Beginn des Lebens und gibt es heute die Synapsen unseres Gehirns, die die Grundlage unseres Fühlens und Denkens sind. Das Quantische ist an sämtlichen Vorgängen unseres Gehirns und unseres Denkens in permanenten Übergängen zwischen faktischen und quantischen Bewusstseins-Anteilen beteiligt. Vor allem der Carl-Friedrich von Weizsäckers wissenschaftliche Arbeit weiter führende Thomas Görnitz hat auf diesem Gebiet in die Zukunft Weisendes geleistet. Ausführlich beschreibt Görnitz in „Die Evolution des Geistigen" quantische Vorgänge in unserem Bewusstsein. Sie sind damit auch Grundlage der von mir eingangs erwähnten Emotionen Freude, Glück, Mitgefühl und alles umfassender Liebe. Görnitz, Dürr und der amerikanische Quantenchemiker Lothar Schäfer kommen zu sehr ähnlichen Folgerungen. Schäfer: *„Der Hintergrund des Universums ist bewusstseinsähnlich"* [1]!

Görnitz: *„Wenn Quanteninformation grundsätzlich zu Selbsterkenntnis strebt, so ergibt sich daraus ein zentraler teleologischer* (zielgerichteter) *Aspekt für die gesamte* *kosmische Entwicklung. Dieses Streben nach Selbsterkenntnis setzt das Ziel für eine immer stärker werdende Differenzierung, eine immer umfangreichere Fülle an Gestalten, die schließlich so komplex werden, dass in uns Menschen diese Selbsterkenntnis beginnen kann.“* [12]

Dieses Thema berührte auch Harald Lesch, hoch geschätzter Astrophysiker und Philosoph, 2006 in einer Sendung über den Urknall „Warum ist nicht Nichts?“ in BR-alpha-centauri. Lesch: *„Dieser Grund, dass das Universum sich überhaupt in seine Existenz geworfen hat, … muss nach Meinung der Naturwissenschaftler, und hier insbesondere der theoretischen Physiker, ein quantenmechanischer Grund sein … Dieser Grund muss in etwas stecken, was zu den fundamentalsten Eigenschaften des Universums überhaupt gehört. Das heißt, der Anfang muss vor dem stehen, was wir heute als alles, also das Universum, erkennen. Und auch hier wieder ist es die Quantenmechanik, die uns sozusagen die Vorgaben gibt, wie das Universum entstanden sein muss … Es muss am Anfang eine Schwankung gegeben haben! Wenn alles gleich war* (Lesch meint hier den vor dem Anfang völlig gleichmäßigen Zustand des Nichts), *dann gibt es keinen Unterschied, gar keinen! Es muss am Anfang eine winzige Abweichung von diesem völlig symmetrischen, völlig gleichmäßigem Zustand gegeben haben! … Das muss soweit gegangen sein, dass dieses Etwas … offenbar* *einen Vorteil darin hatte, zu existieren! ... Die Symmetrie muss gebrochen worden sein!"*

Welterklärung!

Die Folgerung kann eigentlich nur sein, – allerdings eine Folgerung, die in der Welt der Wissenschaft gegen ein Tabu verstößt, die ich aber hier mutig in den Debatten-Raum stelle, – *wenn jedes materielle Geschehen quantisch permanent in eine ganze Reihe von Erwartungsfeldern beziehungsweise in eine „Wolke" von Potenzialität eingebettet ist, also aus quantischer Sicht von Information, und diese quantische Information, wie von den großen Interpreten der Quantenphysik betont wird, A L L E S im Universum umfasst:*

ist dann nicht das,
worum es hier geht: das von Schäfer
der „bewusstseinsähnliche Hintergrund" Genannte
– der „Urgrund allen Seins" –
(im Sinne unserer menschlichen Kriterien)
allwissend ?!

Eine Zäsur aus meiner Perspektive!

Erstmals in der Entwicklung des Menschen stehen wir an einer Stelle, an der ein wichtiger Bereich der Wissenschaft, die interpretierende Quantenphysik, Aussagen darüber macht, dass „der bewusstseinsähnliche Hintergrund“ [1], die quantische Insgesamt-Information, – nach unseren Kriterien der Logik und wissenschaftlich begründbar – Informationen enthält, nicht nur über alles potenziell Mögliche, sondern auch über die Bedeutung sämtlicher Möglichkeiten ... ! Mit den begrenzten Mitteln unserer Sprache bleibt uns nur zu formulieren: *in diesem Sinne weiß der Hintergrund um die Bedeutung dieser Möglichkeiten ... !*

Das ist mit Dürr´s Aussage gemeint:
„ ... die Urquelle ist die Liebe ...“
und verdeutlicht auch die von Dürr häufig verwendeten und betonten Begriffe der *„Erwartung“* und der *„Erwartungsfelder“*.

Ich halte diesen Aspekt für eine der interessantesten Folgerungen innerhalb der Erkenntnis- und Wissenschaftstheorie des wissenschaftlichen Realismus!

TRANSZENDENZ-ERFAHRUNGEN: WAS GESCHIEHT?

In der uns so außergewöhnlich erscheinenden und faszinierenden Transzendenz-Erfahrung scheint ein wesentlicher Schlüssel zum Verständnis des Welt-Ganzen zu liegen.

Und es sieht ganz so aus, dass sie nach allem, was wir heute überblicken und wissen können – *der entscheidende Schlüssel* sein könnte. Auch Maslows bekannte Bedürfnis-Pyramide drückt das aus: Die höchste Stufe der menschlichen Bedürfnisse ist nach Maslow die das Bewusstsein erweiternde Transzendenz-Erfahrung.[3] Siehe auch die angeführten Zitate von Schäfer und Lesch.

Der Quantenphysiker Hans-Peter Dürr berührt in einem kleinen Buch über die „neue Beziehung zwischen Religion und Naturwissenschaften" dieses Thema: „*Was wir Menschen als Gott bezeichnen, entspringt einer überwältigend intensiven Erfahrung, die mit dem Gefühl der Selbstaufgabe im Sinne eines Verlustes des Ego verbunden ist. Es ist eine Hinwendung zum mystischen Ich, eine freudige Hingabe, die ohne Angst ist, weil sich im tiefen*

Selbst das Ich zum unbegreiflichen Ganzen weitet … Im Augenblick der vollkommenen Hingabe sind wir uns nicht bewusst, dass wir unsere Individualität aufgegeben haben … Ich weiß nur hinterher, da ist irgendetwas passiert … Weil es etwas Unbegreifliches ist, was hinter dem Begreiflichen steht, aber in unserem Erleben deutliche Spuren hinterlässt.“ [14]

Etwas ausführlicher:

Transzendenz-Erfahrungen umfassen ein breiteres Spektrum von Zuständen des menschlichen Bewusstseins, in denen die normalerweise unseren Alltag bestimmenden Egogrenzen durchlässig werden, – was uns in die Lage versetzt, über sie hinaus zu empfinden. Der schon erwähnte Psychologe William James: *„Unser normales Wachbewusstsein, das rationale Bewusstsein, wie wir es nennen, ist nur ein Typ von Bewusstsein. Um ihn herum, und von ihm durch den dünnsten Schirm getrennt, liegen mögliche Bewusstseinsformen, die ganz andersartig sind. Keine Betrachtung des Universums kann abschließend sein, die diese anderen Bewusstseinsformen außer Betracht lässt.“* [6]

Der Psychologe Ulrich Ott führt Ergebnisse der Meditationsforschung an, die u. a. persönliche Erfahrungsberichte statistisch erfasst und auswertet und für die so erstaunliche „repräsentative“ Aussagen typisch sind wie: *„Ich empfand grenzenlose Freude“*, *„Ich empfand eine umfassende Liebe“*, *„Alle Dinge schienen sich zu einem einzigen Ganzen zu vereinen“*, *„Vergangenheit, Gegenwart und Zukunft erlebte ich als eine Einheit“*, *„Ich verspürte einen Hauch von Ewigkeit“* (Dittrich et al., 1985, Ott 2010). Ott: *Die Betroffenen haben den Eindruck, mit einer objektiven Realität in Berührung gekommen zu sein, die wirklicher ist als die Realität, die sie im normalen Wachzustand erleben* (Marshall 2005, Ott 2010).[8]

Es ist erstaunlich:
Die wohl bedeutendste Fähigkeit des Menschen ist ihm bis heute weitgehend unbekannt!

Tiefe Transzendenz wird erfahren als energetischer Bewusstseinszustand raumzeitloser Einheit und Verbundenheit. Das ähnelt jenen stärksten Empfindungen, die wir bewusst wahrnehmen können, und die wir in unserer Alltagssprache – *„Liebe“* – nennen ...!

Irgendwann hatte ich die Idee, dass sich dieses schwer zu Beschreibende durch den Verlauf einer Exponential-Funktion recht gut verdeutlichen lässt.

Daraus entstand diese Grafik:

Exponentielle Steigerung von Transzendenz-Erfahrungen in Richtung des quantischen Bewusstseins-Zustandes der Raumzeitlosigkeit und dynamisch erfahrener Energie

Eine Quantifizierung ist in dieser der Veranschaulichung dienenden Grafik nicht möglich.

**) MBSR: Achtsamkeitsbasierte Stress-Reduktion (Mindfullness-Based Stress-Reduction) ist eine erfolgreiche, in der klinischen Behandlung von Stress-Reaktionen angewendete Kombination von Yoga- und Meditationstechniken.*

Unser Alltags-Bewusstsein entspricht dem untersten, beinahe horizontalen Verlauf der Kurve. Auch in ihm gibt es – hoffentlich – einige Momente, in denen wir uns freuen und glücklich sind. Zustände unseres Bewusstseins, die wir Freude, Glück oder tiefe Entspannung nennen, können nach den Bewusstseinsforschern Abraham Maslow und Arthur Deikman bereits dem sich öffnenden Bereich des Transzendenten nahe stehen. Für Deikman kann bereits „das wohlige Versinken in einer heißen Badewanne" hierzu gehören.[6]

Kaum beeinflussbar durch unseren Willen und meist ohne dass wir uns dessen bewusst sind, kann hier unser transzendentes Erleben einsetzen, das dann übergehen kann in tiefe Empfindungen, z. B. zwischen Mutter und Baby, zwischen zwei Liebenden oder in tief berührende Natur- oder Musikerlebnisse. Sie können so tief und stark empfunden werden, dass sie als etwas ganz Besonderes, Großes und Schönes und als nicht mehr steigerungsfähiges Glück lebenslang in Erinnerung bleiben. Voraussetzung ist eine meist unbewusste Öffnung über das hinaus, was uns in unserem Alltagserleben eher einengt oder uns mitunter unsere Ellbogen gebrauchen lässt.[4]

Die Vorstellung von einem Drachenflieger, der in den Bergen auf einen Sonnenuntergang zufliegt und dabei über Ohrhörer Beethovens Ode an die Freude hört – oder eben jene Musik, die ihn individuell am stärksten berührt, vermag bereits sensiblen Menschen ein Erahnen zu vermitteln, was in der *„Begegnung mit dem Wunderbaren“* (Dürr)[7] empfunden wird.

Die oben erwähnten *Grenzerfahrungen*, die nach Maslow und Deikman auch ohne Meditation aus intensiv erlebten Situationen des alltäglichen Lebens entstehen können,[4, 6] sind in der Grafik mit den gepunkteten und in unmittelbarer Nähe der Kurve liegenden kleinen Rechtecken dargestellt.

Die Exponentialkurve stellt den Verlauf einer sich vertiefenden Meditation dar und deutet die Stufen der sich steigernden Bewusstseins-Erfahrung an. Die mit MBSR bezeichnete kleiner dargestellte unterste Stufe steht für erste meditative Erfahrungen: Mindfullness-Based Stress Reduction ist eine erfolgreiche, in der klinischen Behandlung von Stressreaktionen angewendete Kombination aus einfachen Yoga- und Meditationstechniken nach Kabat-Zinn.[8]

Die *„Sein“* und *„Achtsamkeit“* genannte Stufe kann ein guter Einstieg in eine erste stärkere Bewusstseinserfahrung sein. Sie entspricht in etwa der im Zen-

Buddhismus angestrebten Stufe eines nicht wertenden und das Faktische mit Gleichmut akzeptierenden Bewusstseins: die Welt *ist* – *wie* sie ist ... *alles ist* ... (Alles was existiert lässt sich ja immer auf ein zuvor Existierendes zurückführen, alle Unzulänglichkeiten des Menschen eingeschlossen, – letztlich bis zum Urknall.) Der Titel von Erich Fromms bekanntem Werk „Haben oder Sein"[5] drückt in seiner Gegenüberstellung eigentlich schon das Wesentliche aus. Auf dieser Stufe der Meditation werden sich einstellende Gedanken nur beobachtet, aber „nicht mehr angenommen".

Eine Verweigerung gegenüber dem ununterbrochenen Trommelfeuer und Hamsterrad unserer Alltags-Gedanken, die geübt werden kann. Bei Konzentration hierauf kann diese Verweigerung zu – bereits nach wenigen Übungen erfahrbaren – ersten Erfolgen führen.

Ich habe mir angewöhnt, bei der Sein-Meditation die Augen geöffnet zu lassen und blicke aus dem Fenster. Es geht ja um die Verbindungsaufnahme mit allem, was existiert. Also um Mitmensch, Mitgeschöpf, Natur, Universum. Warum dann der häufig empfohlene Weg nach innen, bei geschlossenen Augen? Meditation ist für mich Öffnung. Positiver ist der Weg nach innen aber natürlich zu beurteilen, wenn er Menschen mit wenig Meditations-Erfahrung die Konzentration erleichtern soll.

Die Körperhaltung wird meiner Ansicht nach meist überbewertet. Sitzen oder liegen mit aufrechtem Oberkörper, am besten angelehnt.

(Drogen habe ich nie genommen.)

Eine gewisse Gefahr sehe ich in der Überbewertung der Leere, auf die sich einige Meditationsformen in der westlichen Welt zu einseitig beschränken. Natürlich kann die Befreiung vom gesellschaftlich bedingten individuellen Ballast eine wichtige Voraussetzung für eine Transzendenz-Erfahrung sein. Aber eben nicht mehr: der Zustand der Leere ist lediglich eine Art Zwischenstation oder Vorstufe. Die Fokussierung auf Leere, auch auf „Gedanken-Leere" in der Grafik, zielt immer auf einen Zustand des Bewusstseins, der sich wie ein Gefäß, das vorher leer war, mit etwas *füllt*! Vollkommen leer zu sein, ist ja nicht identisch mit der energetisch erfahrbaren Verbundenheit mit A L L E M ! Wahrgenommen als das Gegenteil von Leere!

(Ich halte es für überflüssig, sich mit der Vielzahl der äußerst komplizierten Stufen und Chakren des tantrischen Hinduismus oder des tantrisch-buddhistischen Vajrayana zu befassen. Hinduismus und Buddhismus war der Blick ins Universum, der uns heute möglich ist, jahrtausendelang verwehrt. So blieb nur der Blick „nach innen". Das führte zu bewundernswerten Einsichten über den Menschen. Erst unsere Zeit verfügt nun seit etwa einem Jahrhundert über die der Wissenschaft zu verdankende Möglichkeit des Blickes in beide Richtungen: sowohl noch viel weiter in die Welt des „Innen" und des immer Kleineren, den Mikrokosmos, genauso wie in die „Unendlichkeit" des Universums, indem wir heute bis zu den ersten Galaxien und in die Hintergrundstrahlung des Anfangs blicken können. Da tiefe Meditation immer die Verbindung mit A L L E M meint, werden diese neuen Erkenntnisse auf einer Bewusstseinsebene jenseits des Wissens auch in sie eingehen ...)

Der Blick wandelt sich im Bewusstsein des Seins: was jetzt gesehen wird, ist nun weniger ein Baum, da ein Vogel, da ein Haus. Baum, Vogel und Haus sind jetzt Ausdruck von etwas Tieferem. Alles ist da, wird bemerkt, aber nicht bewertet. Die den Menschen ausmachende Welt der Erwartungen und Bedeutungen geht in das sich auf dieser Stufe befindende Bewusstsein nicht mit ein. Auf der Stufe des Seins und auch im Zen liegt die Betonung auf zeitlicher Kontinuität.

Wenn die Veränderung des Bewusstseins in den Modus des Seins gelingt, kann sich dies körperlich bemerkbar machen. Zum Beispiel in einer Verstärkung des Atmens. Das Bewusstsein weitet sich und Gedanken tauchen jetzt nur noch als „Fragmente" auf. Dieser Zustand kann zu einem „euphorischen Glücksgefühl" führen.[6] Es ist erstaunlich, dass bereits die einfache Übung des nicht mehr Annehmens der Gedanken zu einer körperlich und geistig deutlich wahrnehmbaren Bewusstseinsveränderung führen kann: empfunden als Stärkung, als *sich gründen …*

In dieser Phase der Meditation findet ein „weicher" Übergang in quantisches Erleben statt. Verwunderlich ist das nicht. Durch das sich in der Meditation intuitiv einstellende *Isolieren* – Bedingung alles Quantischen – (gegenüber ablenkenden Einflüssen der faktischen Alltagswelt) können die Anteile, die als quantische Potenzialitätsfelder aller sich überlagernder Möglichkeiten „im Hintergrund" unseres Bewusstseins permanent vorhanden sind, verstärkt frei werden und sich auszuwirken beginnen. Dies ist der Kern von Schäfers Aussage: *„Der Hintergrund des Universums ist bewusstseinsähnlich."* [1]

Dieser Übergang ist in der Grafik in Höhe der Seins-Stufe mit den hellen und sich verstärkenden parallelen Streifen dargestellt.

Etwa ab diesem schraffierten Bereich kann eine Verstärkung des Quantischen einsetzen. Allen unseren Denk- und Bewusstseins-Prozessen liegt es in einer ständigen Wechselbeziehung zwischen faktischen und quantischen Bewusstseinsanteilen zugrunde. Dem Quantenphysiker Thomas Görnitz gelingt es, dieses schwer vorstellbare Wechselspiel zu verdeutlichen.[11] Auch Schäfer äußert sich ähnlich.[1] In diesem quantischen Zwischenbereich unseres Bewusstseins (des nicht mehr rein Faktischen und noch nicht Raumzeitlosen) können immer noch Reste von Gedankenfragmenten auftauchen, vor allem, wenn sie in einem starken Bezug zu fokussierten Werten wie „Sein", „Natur" oder „Universum" stehen. Dennoch wird die auf der Stufe des Seins erfahrene Transzendenz immer noch mit der Bewusstseinsebene des Hier und Jetzt in Verbindung stehen.

Eine für mich eindrucksvolle und *spürbare Änderung* kann sich dann im Übergang zur Stufe des *„Mitgefühls"* einstellen. Mitgefühl meint: *mit allem Leidenden dieser Welt.* Unsere Fähigkeit, starke Empathie zu empfinden und über unsere Spiegel-Neuronen anderes Leid mitzuempfinden als wäre es unser eigenes Leid, ist in sich schon ein starkes Indiz, wie miteinander verbunden wir sind.

In diesem Übergang geschieht etwas mit mir. Ich kann es körperlich spüren. Es erfasst mich – im Unterschied zur vorherigen, „neutralen“ und nicht wertenden Ebene des Seins. Auf dieser Stufe schließe ich die Augen.

(Auf der Mitgefühl-Stufe wird das Geschehen davon abhängen, wie stark die individuelle Empathiefähigkeit des Meditierenden ausgeprägt ist.)

Ich meditiere jeden Morgen nach dem Aufstehen etwa eine halbe Stunde. Wobei die erste Viertelstunde eher der Sammlung und dem gedanklich zur Ruhe Kommen dient. Vor zwei Jahrzehnten wäre mir eine halbe Stunde Meditation, wie wohl den meisten Leserinnen und Lesern, sehr lang vorgekommen. Heute, als alter Mensch mit der entsprechenden Zeit und Ruhe, ist mir diese Morgenmeditation ein tiefes Bedürfnis.

Für den Anfang und zum Üben reichen bereits schon fünf Minuten.

Gute Anleitungen zur Meditation geben Matthieu Ricard (Titel „Meditation“, Knaur-Verlag) und Ulrich Ott (siehe Anhang). Ott legt den Schwerpunkt auf körperbezogene Meditationsübungen wie Atemtechniken oder den sogenannten Bodyscan, die dem unteren Drittel der exponentiellen Bewusstseinskurve zuzuordnen sind, und will vor allem Anfänger zur Meditation führen.

Auf den Unterschied zwischen der *Sein*-Meditation und der *Mitgefühl*-Meditation geht der Physiker und Wissenschaftsjournalist Ulrich Schnabel in seinem Buch „Die Vermessung des Glaubens" ein. Er beschreibt hier in einem Vergleich an einem meditierenden deutschen Zen-Meister vorgenommene EEG-Messungen mit denen des in der Meditationsforschung häufig zitierten buddhistischen Mönchs Matthieu Ricard, dessen Meditation auf „unbegrenzte Liebe und Mitgefühl" ausgerichtet war. Ich will hier nicht auf Ergebnisse der Messungen weiter eingehen, die bei der Zen-Meditation im Bereich der Alpha- und Theta-Wellen, bei Matthieu Ricard von Gamma-Wellen lagen. Wesentlich scheint mir aber die in diesem Zusammenhang zitierte Bemerkung Ricards zu sein: „Was heißt schon Meditation? Natürlich kommt es darauf an, *welchen* Geisteszustand man kultiviert." [6]

Ricard will den Blick und die meditative Ausrichtung auf die den Menschen am stärksten auszeichnende Fähigkeit lenken – die der *Empathie*!

Die noch verbliebenen, nun quantisch dominierten Gedankenfragmente werden jetzt eher kreisen um das, was wir *„die Urquelle"* nannten und alles in Richtung Urquelle – Liebe – Mitgefühl mit allem Leidenden – auch des Universums oder der Energie des Anfangs Gehende trägt jetzt betont das *Potenzial der exponentiellen Verstärkung ins Raumzeitlose* in sich, in dem, wenn sie gelingt, jenseits von allem Materiellen nichts mehr gesehen wird und nichts anderes existiert als *dynamisch erfahrene pure Energie, Einheit und Liebe* … Ein Bewusstseinszustand des *Synchronschwingens* mit den quantisch allem zugrundeliegenden *„Schwingungsfiguren"* der *„Urquelle"* (Hans-Peter Dürr)[2, 15] … Synchronschwingung mit dem Universum …

(Buddha nannte diesen Bewusstseinszustand „die Befreiung vom Leiden", Jesus „Vater im Himmel" (Konsequenz: der „Sohn") und Mohammed „die Hingabe".)

Eine Analogie fällt auf: die vorhin angeführte typische Kommentierung: „Ich verspürte einen Hauch von Ewigkeit"– und die ins Unendliche führende exponentielle Kurve …

Hans-Peter Dürr: *„Wir müssen feststellen, es gibt die Materie im Grunde nicht mehr. Es gibt letzten Endes nur noch eine Art Schwingung. Es gibt, streng genommen, keine*

Elektronen, es gibt keinen Atomkern, sie sind eigentlich nur Schwingungsfiguren." [15]

„Die Quantenphysik sagt uns heute, dass es keine getrennten Teile gibt. Alles ist ins Unendliche ausgestreckt und im Hintergrund miteinander verbunden. Jedes Atom ist mit jedem Atom in diesem Universum verbunden." [16]

Unter der Vielzahl an möglichen Ausrichtungen und Fokussierungen, den verschiedenen „Geisteszuständen" (Ricard), sind dies die beiden zentralen und wesentlichen und sich erheblich unterscheidenden Meditationsformen:

a – *nicht wertend zu S E I N*, und

b – *M I T G E F Ü H L mit allem Leidenden in der Welt.*

Es fällt auf, dass sich offenbar in beiden Meditationsformen eine Ebene starker *Übereinstimmung* zwischen dem *Bewusstsein des Meditierenden und dem Welt und Universum zugrunde Liegenden* ausbilden kann.

Während sich aber die Sein-Stufe auf unsere reale, faktisch vorhandene naturgesetzliche Welt bezieht, – die Welt, wie sie ist – (eine nicht wertende „neutrale" Perspektive), entspricht die Mitgefühl-Stufe als Ausdruck empathischer Verbundenheit und des Mitleidens offenbar einer tieferen und zugrundeliegenden Dimension: Aus der Tatsache, dass sich erst in der Meditation des Mitgefühls mit allem Leidenden – wenn sie gelingt und tief ist – der exponentiell so stark und energetisch empfundene „Schub" ins Raumzeitlose einstellt, kann gefolgert werden, dass in Dürr's Erkenntnis *„Liebe ist die Urquelle"* der entscheidende *SCHLÜSSEL* liegt … !

Vereinfacht lässt sich also sagen, dass die *Sein*-Ebene sich – erwartungsfrei – auf die *faktische, reale Welt* ausrichtet, die *Mitgefühl*-Stufe aber auf den *umfassenderen quantischen Zusammenhang*: quantische Potenzialität ist immer *„Erwartung"*! („Erwartungsfelder" ist ein häufig verwendeter Ausdruck Dürr's.) Das erklärt das Raumzeitlose und Quantische dieser Erfahrung …

Auch das Tier, solange es nicht zu sehr durch Stress unter Druck gerät, lebt ja *im Sein.* Andererseits in einer Welt, in der bereits auch bestimmte Bedeutungen und Erwartungen gelten. Erst mit dem Menschen und seiner Fähigkeit *mitzufühlen* kommt die quantische *Erwartung* sehr betont zum Tragen, – und mit ihr die Fähigkeit, sich in ihrem Sinne aktiv gestaltend und verändernd einzusetzen.

Die Generationen nach uns werden lernen, diesen Schlüssel zum Kern und zum Sinn unserer Existenz besser zu verstehen. Sie werden lernen, über ihn und den in ihm liegenden tiefen Sinn zu sprechen und sich ihm schon damit anzunähern.

Ich lebe gerne, aber es fällt mir auf, dass die zum Menschen gehörende Angst vor dem Tod in mir nicht mehr existiert. Ich habe nur eine Erklärung dafür und ich empfinde sie tief:
weil der wunderbare Prozess des Entfaltens
(zu dem auch die beschriebene Erfahrung gehört),
mit dem ich ja verbunden bin
(und nach meinem Tod war)
weiter geht …!

Als Schlusswort zur Erfahrung des Transzendenten noch einmal Abraham Maslow:

Der Mensch in diesem Zustand bedarf keiner Zukunft:
WEIL SIE BEREITS DA IST!
Werden hört in diesen Momenten auf,
in denen die Zeit sich auflöst
und unsere größten Hoffnungen und alle unsere Ziele
in der höchsten Form erfüllt und eingelöst sind! [4]

Dies also ist das Universum, „unsere Welt".

Ich liebe sie. Die unglaubliche Schönheit der Natur, in der A L L E S Ausdruck der Energie des Entfaltens und der Potenzialität ist.

Und ich liebe die Menschen, von denen viele sich so schwer damit tun, das in ihnen angelegte Potenzial zu leben, – das, was sie sein könnten. Ihr Verhalten ist ja immer das Produkt von etwas außerhalb von ihnen Geschehendem, von etwas auf sie Einwirkendem. Sie sind Produkt – und oft genug Opfer – des gesellschaftlichen und kulturellen Rahmens, in den hinein sie geboren werden und gestellt sind. Dieser Rahmen ist aber nicht unveränderlich.

Ich teile nicht die Ängste vieler Menschen und besonders der jungen Generation, dass die vor uns liegenden Umwelt- und Klimaveränderungen zum Ende der Zivilisation und des menschlichen Lebens führen können. Außer Frage steht allerdings, dass die Natur, und mit ihr die Menschheit – vor allem im vor uns liegenden Jahrhundert – enormen Veränderungen, Katastrophen und Krisen ausgesetzt sein wird.

Die Überlebensfähigkeit – der Natur wie der Menschheit – wird sich als stärker erweisen und neue Formen des Umgangs mit den vom Menschen verursachten globalen Veränderungen werden sich herausbilden.

Natürlich ist die von mir gesehene Aufwärtsbewegung und das Voranschreiten der menschlichen Entfaltung immer erst sehr langfristig erkennbar – als mittlerer Wert einer vielfältig ausschlagenden Entwicklungslinie, die sich sowohl aus Verbesserungen wie aus Rückschlägen und Krisen bildet, einer Mitte zwischen positiven und negativen Entwicklungen, zwischen Bewegung und Gegenbewegung. Mit langfristig positiver Tendenz – Effekt menschlichen Lernens …

Indem ich dies schreibe, geschieht gerade etwas, eine Zäsur, die als Infragestellung meiner These vom großen Lernprozess Menschheitsentwicklung gesehen werden kann: der Ukraine-Konflikt hat sich zu einem Ukraine-Krieg entwickelt. In diesem aktuellen Zusammenhang fällt mir auf, dass die Metaperspektive, um die es ja geht, wenn Konflikte zu lösen sind und die sich auch in der tiefen Meditation einstellt, zu einer etwas anderen Beurteilung führt, als der von den einschlägigen westlichen Medien vermittelten.

Zuvor: Krieg ist immer ein Versagen und ein Verstoß gegen die Verbundenheit aller Menschen und gegen die Werte der Mitmenschlichkeit. Hier handelt es sich um ein Versagen Putins, das entsetzliches Leid verursacht.

Zweitens aber: Warum ist von westlicher Seite nach dem Ende der Sowjetunion die damals zweifellos vorhanden gewesene Chance des Aufbaus von gegenseitigem Vertrauen nicht ergriffen worden: der Weg des Abbaus von Spannungen, der Schaffung entmilitarisierter Zonen, *der Weg der Deeskalation*, der in der Konfliktforschung eine so entscheidende Rolle spielt?! Auf einem westrussischen Streifen, auf belarussischer, wie auf baltischer, polnischer und ukrainischer Seite und über sie hinaus könnte heute ein breites entmilitarisiertes Gebiet des gegenseitigen Vertrauensaufbaus entstanden sein! Stattdessen ein Verharren in den Machtblock-Denkmustern des Kalten Krieges und ab Ende der Neunziger Jahre ein Verhalten, das im Widerspruch zu den mit der Wende gegebenen Zusagen steht, – die Integration eines ehemaligen zur Sowjetunion oder zum Warschauer Pakt gehörenden Teilstaates nach dem anderen in die Nato!

Ein Nichterkennen der in den Neunziger Jahren real existierenden einmaligen historischen Situation der Überwindung der alten Ängste! Ein Versagen des Westens, der sich über alle Signale des russischen Traumas, das schließlich in die Eskalation und den Krieg führte, hinwegsetzte. Ein Versagen, das von zukünftigen Generationen sehr klar gesehen und thematisiert werden wird …

Die Regeln der Deeskalation und der enormen Bedeutung des gegenseitigen Vertrauensaufbaus gelten grundsätzlich und immer. Auch sie sind zeitunabhängig. Beispiel ist die auf ihrer Grundlage veränderte Situation der Welt ab Mitte der Achtziger Jahre durch das sich aufbauende Vertrauensverhältnis zwischen Gorbatschow auf der einen, Reagan, Kohl und Genscher auf der anderen Seite. Diese Erkenntnisse werden auch nach dem Ende des Ukraine-Krieges langfristig die Spannungen allmählich abbauen und die Verletzungen überwinden.

(In diesem Zusammenhang fällt die große Abhängigkeit der Entwicklung von den jeweiligen Führungspersonen der Machtzentren und ihrer individuellen psychischen Reife oder Unreife auf. Ein Problem, verknüpft natürlich mit der sich hinter ihnen sammelnden Wählerschaft. Zwar ein Problem auch innerhalb Europas, in besonders extremer Form aber aus europäischer Sicht Versagen einer US-Regierung im vergangenen Jahrzehnt, wie aktuell der Autokratie in Russland.)

Es ist nicht allzu schwer vorauszusehen, dass der gegenseitige Vertrauensaufbau das entscheidende Fundament der eines ferneren Tages existierenden friedlichen Welt sein wird: einer sich – *sehr langfristig* gesehen (!) – allmählich einstellenden Beruhigung und später sogar Harmonisierung der weltpolitischen Verhältnisse …

Sartre spricht von der Freiheit der Verwirklichung und des sich Auflehnens gegen die vorgegebenen Verhältnisse und gegen von ihnen ausgehende Unterdrückung. Ein halbes Jahrhundert nach Sartre stellen wir fest, dass die gesellschaftlichen Prozesse eine andere Dynamik entfaltet haben. Was wir heute aber nicht mehr übersehen können: *gesellschaftliches Lernen findet statt*. Wenn auch in vieler Hinsicht leider beklagenswert langsam, und dies nicht nur bei den Umwelt- und den Klimaveränderungen. Auch der Hunger in der Welt wäre längst schon überwindbar … !

Wenn ich mit meinen Mitmenschen spreche, ist da oft nicht viel zu spüren von einer (von mir gesehenen) Gewissheit, dass das Lernen und die menschliche Fähigkeit, Probleme zu lösen, letztlich die gesellschaftlichen Verhältnisse verbessern werden. Vielmehr treffe ich häufig auf eine diffuse Angst. Letztlich gehört sie wohl zum Menschen genauso wie andererseits die von mir betonten Befähigungen zu Freude, Glück, Empathie und Mitmenschlichkeit. Es kann nicht anders sein: indem diese zweite Seite gestärkt wird und wächst, verringert sich die Seite der Angst.

Therapeutisch wird dies heute bereits erfolgreich angewendet, wenn auch eher pragmatisch zur Stressbewältigung. Zum Beispiel in der bereits erwähnten MBSR (Mindfulness-Based Stress Reduction) genannten Kombination von Yoga- und Meditationstechniken nach Kabat-Zinn. In der Grafik zur Transzendenz-Erfahrung ist sie im unteren Bereich der Kurve dargestellt.[8]

Bei den aktuellen gesellschaftlichen Krisen und Verunsicherungen, wie der des nur die nationale Zugehörigkeit anerkennenden oder unter der Flagge eines falsch verstandenen Liberalismus das individuelle Wohl über das Wohl aller stellenden Egozentrik und der Rückkehr eines engen Konservatismus, handelt es sich im Wesentlichen um ein Problem der Bildung und des Mangels an Bildung in einem emotionalen und weit gefassten humanistischen Sinn.

Dazu kommt, dass die menschliche Fähigkeit, Empathie zu empfinden offenbar sehr unterschiedlich ausgeprägt ist. Die gegenwärtige Spaltung der Gesellschaft in den USA in zwei etwa gleich große und sich unversöhnlich gegenüber stehende Blöcke lässt erkennen, dass die im Kern von wenigen Empathieunfähigen und sogenannten „Gefühlsblinden" ausgehende und im Internet und über bestimmte Medien schnell Resonanz findenden falschen Bewertungen eine große Gruppe von Menschen mitreißt, die leider kaum über emotionale und soziale Bildung verfügt.

Selbstverständlich wäre es nur natürlich, wenn die sehr reichen Menschen den Großteil des von ihnen erworbenen Vermögens, das sie ja auf der Grundlage einer Gemeinschaft von Menschen erworben haben, dieser Gemeinschaft auch wieder zurückgeben. Selbst ihr sicherlich vorhandenes organisatorisches Talent ist eine Fähigkeit, die nicht getrennt und isoliert von der Gesellschaft wie auch der Kultur gesehen werden kann. Fest steht, dass der Aspekt der *Gerechtigkeit* eine immer größere Rolle spielen wird!

Vor uns liegt eine Phase gesellschaftlicher Entwicklung, in der damit begonnen wird, die Einseitigkeit von extremem Reichtum auszugleichen und sich dabei am *„Gemeinwohl"* auszurichten. Dies meinen erste Ansätze, die heute entstehen, wie die Gemeinwohl- [18], die Neue und die Solidarische Ökonomie. Profitieren werden dann nicht ein paar wenige im Übermaß reiche Menschen, sondern die Bildung, die Gesundheit, das Klima, die Natur und *das Miteinander aller Menschen*.

Die Defizite liegen heute neben dem Mangel an wirklicher Bildung vor allem in dem zur Regel gewordenen *Mangel an Selbstwertgefühl*[4], den dann – innerhalb eines einseitig Profit-orientierten Wirtschaftssystems – ein übersteigerter Konsum (der vielen), sowie ein extremer Reichtum (einiger weniger Menschen) kompensieren soll, sowie in dem sich an eine veraltete und zu enge Bewertung von allem Nationalen klammernden Konservatismus. Auch er ist ja letztlich auf den Selbstwert-Mangel zurückzuführen.

Eine Gefahr sehe ich in dem gegenwärtig bestehenden und in Zukunft sicher noch stark zunehmenden Reiz alles Technischen und Digitalen auf einen unter dem Druck von Krisen verunsicherten und gestressten Großteil der Menschen. Es geht um die schwierige Gratwanderung zwischen den Gefahren der Übertechnisierung und einem Leben im Einklang mit der Natur. Zum Beispiel der Gefahr des Erliegens gegenüber den Reizen luxuriös ausgestatteter und den Erfordernissen und Bedingungen des Ökologischen Fußabdrucks völlig widersprechenden Produkten und Geräten. Diese Gefahr nenne ich „die drohende Roboterisierung des Menschen“: der von Automaten umgebene und von ihnen völlig abhängig gewordene Mensch, der sich ihren Algorithmen unterwirft und letztlich von ihnen gesteuert wird!

Es geht um die Entwicklung unseres Bewusstseins!

Denn offenbar sind wir noch nicht der volle, ganze und reife Mensch, den Maslow so eindringlich beschreibt.[4] Aber *wir bewegen uns in diese Richtung!*

Wir können das mit Gewissheit sagen, wenn wir unsere heutige Welt mit der vor 100 Jahren vergleichen, einer Zeit und einer Phase des *Lernprozesses Menschheitsentwicklung* zwischen zwei entsetzlichen Weltkriegen! Eine Zeit, die in Diktaturen führte, die viele Millionen Menschen ermordeten!

Jede Diktatur trägt bereits den Keim zu ihrer Überwindung in sich! Weil sie immer ein Verstoß gegen die Energie der menschlichen Entfaltung ist, kann sie sich dauerhaft nicht halten. Freiheit ist eine Basisbedingung menschlicher Entfaltung!

Zu erkennen ist aber heute auch, dass auch die Fetischisierung des Konsums unfrei macht: eines der großen Lernfelder unserer gegenwärtigen Epoche!

Wenn es bei allem in der Evolution des Lebens um *Entfaltung* geht, führt das zu der Frage, *wie die eines Tages entfaltete Weltgesellschaft unseres Planeten aussehen wird. Jene in ein paar Jahrhunderten existierende Weltgesellschaft, die ihre großen Probleme alle gelöst hat.* Fest steht, dass es sie eines Tages geben wird. In den beiden Hauptursachen einer möglichen Zerstörung der Erde – einem atomaren Weltkrieg und dem Einschlag eines größeren Asteroiden – sehe ich wiederum durch Lernen zu bewältigende Bedrohungen.

Gegenwärtig entsteht in Deutschland eine neue Bewegung, die andeutet, in welche Richtung die Reise geht – eine Bewegung der Bürgerräte und der Volksbefragungen.

Wirklich gleiche Rechte werden eine immer stärkere, entscheidende Rolle spielen, *das Gemeinwohl.*

Auffallend ist, die Antworten, die man heute auf Fragen nach der Bedeutung des Gemeinwohls bekommt (wendet man sich an größere Gruppen ab einer Größenordnung von etwa 150 Menschen), sind merkwürdig eindeutig. Stärker abweichende Meinungen „mitteln sich aus“ und kommen nicht zum Tragen. Christian Felber[18], der Begründer der Gemeinwohl-Ökonomie, erklärt, warum man auf allen Erdteilen auf die Frage, was denn das Gemeinwohl ausmache, immer nahezu die gleichen Antworten erhält. Antworten wie: *Vertrauen – Empathie – Toleranz – Solidarität – Menschlichkeit – Mitgefühl …* Der Grund liegt darin, dass es sich hier um *Beziehungs-Werte* handelt. Sie werden, anders als individuelle subjektive Bewertungen, weltweit geteilt und sind ein *Gattungsmerkmal der Spezies Mensch!* Ein starkes Indiz für die eines Tages *entfaltete Weltgesellschaft*!

Bei aller Vereinheitlichung wird die Weltgesellschaft, die ihre Probleme gelöst haben wird und die es eines Tages geben wird, *eine Weltgesellschaft der Regionen* sein.

„Ich empfand grenzenlose Freude."

„Ich empfand eine umfassende Liebe."

„Alle Dinge schienen sich zu einem einzigen Ganzen zu vereinen."

Das Interesse an diesen schon erwähnten Berichten der Meditationsforschung über das in der Transzendenz Erfahrene als einer „objektiven Realität", die als „wirklicher als die im normalen Wachzustand erlebte Realität" (Ott 2010 [8]) wahrgenommen wird, wird in den vor uns liegenden Jahrzehnten weiter stark zunehmen. Ott berichtet über einen steilen Anstieg an wissenschaftlichen Publikationen zum Thema Meditation.[9] Das kann uns hoffen lassen, dass diese Erfahrungen eines Tages einem Großteil der Menschen zugänglich sein werden und ihre gesellschaftliche Konflikte überwindende Kraft entfalten können …

So lässt sich als Schlusswort sagen:

Was wir heute GOTT nennen können,

– seine Namen sind im Grunde sekundär –,

ist die sich verändernde Wirklichkeit des Potenziellen, die sich entfalten will, und die sich in unseren Transzendenz-Erfahrungen so eindrucksvoll zu Wort meldet und bestätigt … ! Die Wirklichkeit des quantischen *„bewusstseinsähnlichen Hintergrundes“*[1] der *„Urquelle“*[2] !

Die das Gute will, und auf es hin arbeitet:

auf Entfaltung!

Und in der das sogenannte Böse nichts anderes ist als noch defizitäres, noch nicht zur Entfaltung gekommenes Mensch-Sein.

WISSENSCHAFTLICHE BEGRÜNDUNG

1
SCHÄFER, LOTHAR: *Versteckte Wirklichkeit*, Wie uns die Quantenphysik zur Transzendenz führt, Hirzel-Verlag, Stuttgart 2004

2
DÜRR, HANS-PETER, PANIKKAR, RAIMOND: *Liebe – Urquelle des Kosmos*, Ein Gespräch über Naturwissenschaft und Religion, Herder-Verlag, Freiburg 2008

3
MASLOW, ABRAHAM H.: *Religions, Values, and Peak-Experiences*, Penguin Books, New York 1970

4
MASLOW, ABRAHAM H.: *Psychologie des Seins*, Ein Entwurf, Kindler-Verlag, Berlin 1973

5
FROMM, ERICH: *Haben oder Sein*, Die seelischen Grundlagen einer neuen Gesellschaft, dtv-Verlag, München 1979

6
SCHNABEL, ULRICH: *Die Vermessung des Glaubens*, Blessing-Verlag, München 2008

7
DÜRR, HANS-PETER, Hrsg.: *Physik und Transzendenz*, Die großen Physiker unseres Jahrhunderts über ihre Begegnung mit dem Wunderbaren, Scherz-Verlag, München 1986

8
OTT, ULRICH: *Meditation für Skeptiker*, Barth-Verlag, München 2010

9
OTT, ULRICH: *Spiritualität für Skeptiker*, Barth-Verlag, München 2021

10
GOLEMAN, DANIEL, DAVIDSON, RICHARD J.: *The Science of Meditation*, How to change your brain, mind and body, Penguin Life, UK 2017

11
GÖRNITZ, THOMAS, GÖRNITZ, BRIGITTE: *Die Evolution des Geistigen*, Quantenphysik – Bewusstsein – Religion, Vandenhoeck & Ruprecht, Göttingen 2008

12
GÖRNITZ, THOMAS, GÖRNITZ, BRIGITTE: *Der kreative Kosmos*, Geist und Materie aus Quanteninformation, Spektrum-Verlag, Heidelberg 2007

13
GÖRNITZ, THOMAS: *Quanten sind anders*, Die verborgene Einheit der Welt, Spektrum-Verlag, Heidelberg 2008

14
DÜRR, HANS-PETER: *Auch die Wissenschaft spricht nur in Gleichnissen*, Die neue Beziehung zwischen Religion und Naturwissenschaften, Herder-Verlag, Freiburg 2004

15
ROPERS, ROLAND, ARZT, THOMAS, Hrsg.: *Was unsere Welt im Innersten zusammenhält*, DÜRR, HANS-PETER: Es gibt keine Materie!, Scorpio-Verlag, Berlin-München 2012

16
HÜTHER, GERALD, SPANNBAUER, CHRISTA, Hrsg.: *Connectedness*, DÜRR, HANS-PETER: Teilhaben an einer unteilbaren Welt, Hans Huber-Verlag, Bern 2012

17
MANN, FRIDO, MANN, CHRISTINE, Hrsg.: *Im Lichte der Quanten*, GÖRNITZ, THOMAS: Ein Weg zur Erleuchtung, wbg Theiss-Verlag, Darmstadt 2021

18
FELBER, CHRISTIAN: *Gemeinwohl-Ökonomie*, Piper-Verlag, München 2018

19
BERTELSMANN-STIFTUNG, Hrsg.: *Religions-Monitor 2008*, Gütersloher Verlagshaus, Gütersloh